As-tu vu?

Les Oiseaux

Les oiseaux

Un oiseau est un animal qui pond des œufs et qui a des ailes, un bec et des plumes. Malgré la croyance, pour être qualifié d'oiseau, un animal n'a pas besoin de savoir voler. Certains en sont incapables, comme les pingouins et les émeus !

Il existe environ 10 000 espèces d'oiseaux dans le monde.

Les plumes

Les oiseaux sont les seuls animaux à plumes. Celles-ci peuvent être de toutes sortes de couleurs, de formes et de textures. Elles peuvent aussi être très lourdes. Chez la frégate, par exemple, les plumes représentent la moitié de son poids.

Pour que ce soit la même chose pour toi, il faudrait que tu portes 40 chandails et 40 paires de pantalons les uns par-dessus les autres !

Les pattes

Il existe différentes sortes de pattes d'oiseau. Par exemple, les oiseaux nageurs ont des pattes palmées tandis que les rapaces, eux, ont des pattes griffues. Savais-tu que les oiseaux ont moins de doigts que toi sur leurs pieds ?

La plupart des oiseaux ont quatre doigts aux pieds, mais quelques-uns, comme les autruches, n'en ont que deux ! Peux-tu t'imaginer marcher avec seulement deux orteils ?

Le bec

Les oiseaux n’ont pas de dents : à la place, ils ont un bec. Le pellican est un grand oiseau qui a une poche sous le bec. Cette poche lui sert à attraper des poissons, comme l’homme avec un filet de pêche !

Le vol

Si tu bougeais tes jambes aussi vite que le colibri bat des ailes, tu pourrais courir aussi vite qu'un sprinteur olympique !

Maxisport/Shutterstock.com

L'amour chez les oiseaux

Chez les oiseaux, c'est habituellement la femelle qui choisit son partenaire. Le mâle, pour essayer de conquérir une femelle, doit l'impressionner. Par exemple, les paons se pavanent avec leur queue en éventail pour charmer la femelle. Les oiseaux se font la cour, tout comme nous !

Le nid

Le nid est la maison des oiseaux. C'est l'endroit où l'œuf est couvé par les parents et où les oisillons vivent jusqu'à ce qu'ils soient capables de voler. Et, comme pour les maisons, la grandeur des nids peut varier.

Ceux des aigles peuvent faire 1,5 mètres de long, et ceux des colibris, 1,5 pouces, comme une balle de golf !

Le nid (suite)

Les nids d'oiseaux sont construits à l'aide de brindilles, de branches et de feuilles qu'un peu de terre mouillée aide à retenir ensemble.

Les oiseaux garnissent aussi leur nid de plumes pour le rendre plus douillet, un peu comme tes parents qui se préparaient à ta naissance en décorant ta chambre.

Les œufs

Une fois que la femelle oiseau a sélectionné un partenaire, ils s'accouplent et elle pond ses œufs. Les oiseaux peuvent pondre plusieurs œufs à la fois. Le nombre d'œufs pondus varie beaucoup d'une espèce à l'autre. Les poules pondent habituellement un œuf par jour, alors que les perdrix peuvent pondre jusqu'à 20 œufs à la fois !

Sais-tu quel oiseau pond le plus gros œuf ? C'est l'autruche. Son œuf pèse en moyenne 1,4 kilo, soit autant que 20 œufs de poule !

La couvée et l'éclosion

L'œuf pondu est couvé jusqu'à ce qu'il soit prêt à éclore. La durée de la couvée change d'un oiseau à l'autre. Cela peut aller de 11 jours chez le coulicou à 80 jours chez l'albatros.

Quand l'oisillon est prêt à sortir de sa coquille, il la casse à l'aide d'une petite bosse sur le dessus de son bec qui se nomme le diamant. Le diamant, après l'éclosion, s'use naturellement et disparaît.

Les oisillons

Une fois l'œuf éclot, les oiseaux s'occupent du petit oisillon jusqu'à ce qu'il soit capable de s'envoler et d'aller se nourrir lui-même. Chez les bruants fous, les parents apportent à leurs bébés des vers de terre toutes les cinq minutes pendant les premiers jours de leur vie. Peux-tu t'imaginer manger toutes les cinq minutes ?

Les oisillons (suite)

Dix jours peuvent sembler très courts pour apprendre à voler et à se nourrir tout seul. Pourtant, certains oiseaux sont prêts à s'envoler à la minute où ils sortent de leur coquille, comme les dindons. C'est comme si tu te mettais à marcher dès ta naissance !

La migration

Certains oiseaux ne vivent pas au même endroit toute l'année. Quand la nourriture vient à manquer, ils quittent leur nid pour aller passer quelques mois dans un endroit où la température est plus chaude. C'est ce qu'on appelle la migration.

La migration (suite)

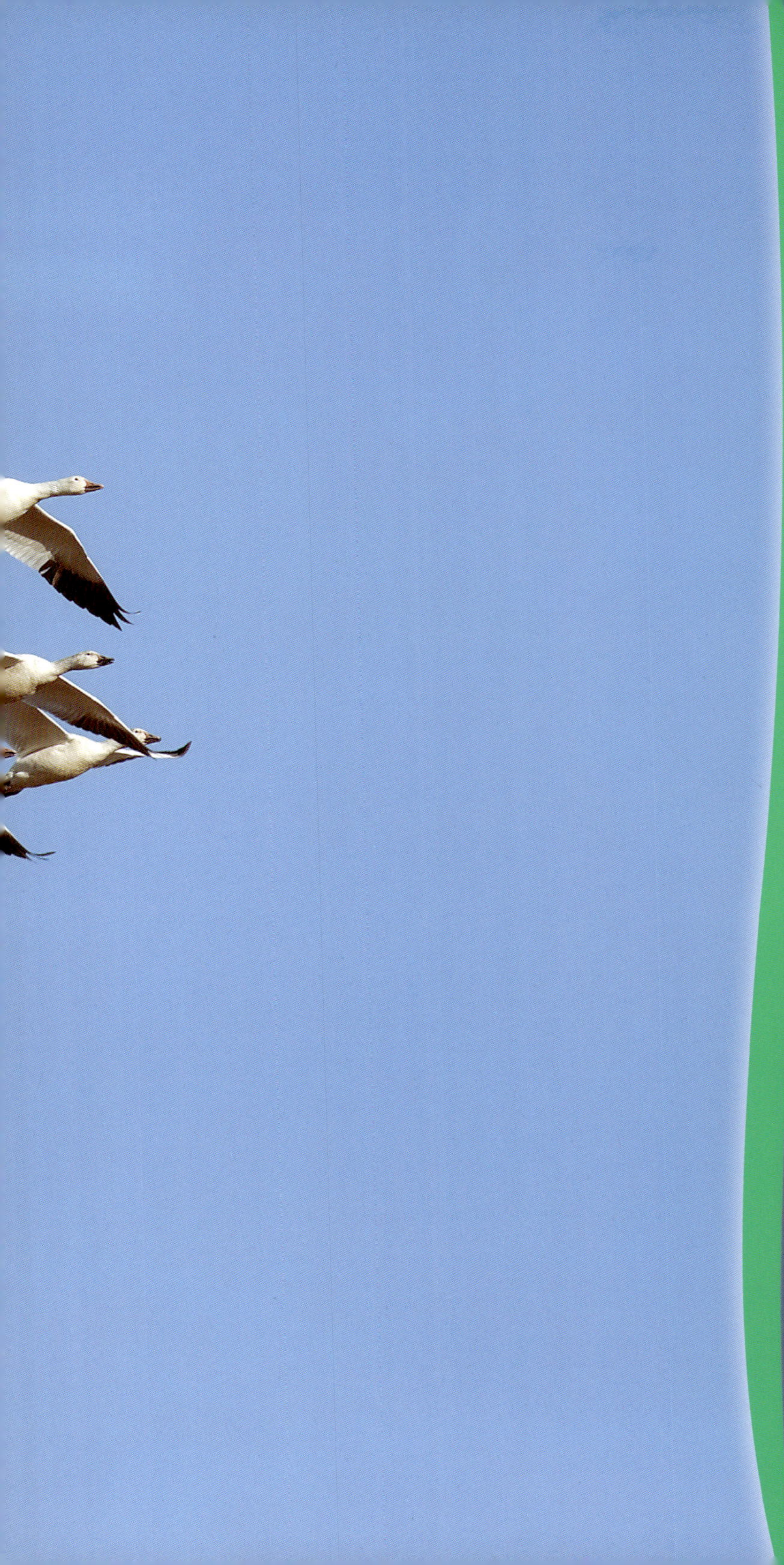

Des quelque 10 000 espèces d'oiseaux qui existent, environ 1800 effectuent des migrations tous les ans. Par exemple, les oies migrent tous les automnes vers le sud pour échapper aux durs hivers canadiens, un peu comme les gens qui vont passer l'hiver en Floride !

C'est à cause des oiseaux migrateurs que ces gens sont surnommés des *snowbirds*, ou oiseaux d'hiver !

La grande famille des oiseaux